VELENO PER

Assapora lentamente queste parole
come il gusto piacevole d'una pietanza
dal sapore unico, ma esiguo.

“Non dirmi che la luna splende,
mostrami il riflesso della sua luce
nel vetro infranto.”
(Anton Checov)

All'ispirazione e alle parole,
mie eterne compagne.

VLADIMIR MARTYNOV
The beatitudes

Possiedi sempre gocce di tempo,
per gli altri;
accumulate, sorso dopo sorso,
da un fiume ormai impoverito.
Ma gli altri?

L’incontro

Un giorno conobbi una ragazza
in piena giovinezza,
una piccola ma grande donna.
E una donna la riconosci:
al primo sguardo, al primo respiro,
alla prima carezza data alla vita;
Conobbi una donna e la osservai
mentre stavo nell'ombra.
La conobbi senza proferire parola
e, stando in silenzio,
catturai ogni suo particolare.
Amava, lei. E ama ancora.
Il suo, di amore, era il suono della luce,
la mattina,
oltre la finestra del mondo.
Temeva la fragilità del suo amore,
la sua natura gracile.
E temeva di non essere all'altezza
del suo stesso amore e dell'amore altrui.
Ma lei, in fondo, era figlia dell'amore,
figlia della vita.

Un giorno conobbi un ragazzo,
un uomo con la nostalgia di sé fanciullo.
Non accettava l'incontro con la vita.
L'aveva vissuto come uno scontro,
una dura rassegnazione, schiava dell'esistenza.
Temeva di crescere,
non perché volesse rimanere fanciullo,
bensì per paura del mondo,
dell'esterno a lui ignoto.
Temeva per la sua insicurezza,
l'unica corazza costruita per la lotta;
la lotta alla vita.
L'accompagnava il suo amaro sogno,
a tratti irraggiungibile e a tratti poco chiaro.
Forse, voleva possederlo, non raggiungerlo.
E inoltre, a curar di sé, amava.
E ama ancora, in fondo.
Ma non sa di saperlo,
e non sa d'essere
anche lui, figlio dell'amore.
Il suo, di amore,
appartiene a un mondo fanciullesco,
o più semplicemente,
non rispecchia l'amore adulto.

Conobbi entrambi,
e i miei occhi ammirarono,
per pochi istanti, il loro amore.
Colsi i loro sguardi e le loro anime baciarsi
senza aver mai scorto un loro bacio.
Intravidi il loro amore vivo, intenso,
ma in piena guerra, lentamente si spense.
Lei stringeva ancora quel filo che li univa,
ma lui aspettava l'attimo per lasciarlo.
Un filo troppo sottile, debole, instabile.
Un filo rivestito di speranza,
ma anche di paura:
l'incapacità di amare,
la consapevolezza di poterlo fare.

Fasci di luce

Non radiare, sole, quell'abbraccio,
che baciasti tu stesso,
senza nubi a far intralcio,
a sbarrare il tuo riflesso.

Ma la triste pioggia ora cala
nell'abbraccio, a consumarsi,
lento, è il respiro che esala
e tra la nebbia la vedo allontanarsi.

Il nostro segreto

Ho affidato un segreto alla luna,
ma le stelle origliano il sentimento
che regge l'intera mia confessione.
E ora che il cielo l'ha scoperto,
attendo il cruciale momento
in cui busserà al tuo cuore.

Aurora

È nel buio della notte, immerso
da ciò che assomiglia all'ignoto,
vorrei che i cuori nostri, distanti,
si potessero curare, entrambi.

Ti sento parte di me
come stelle d'un universo
che poi, in fondo, frammenti a sé stanti
d'uno sfondo ormai sommerso.

Non chiedermi una parola,
neanche una sillaba,
o una vocale.

Chiedimi solo un attimo proibito
qualcosa di eterno, che sappia di te,
che sappia d'infinito.

Essenzialità di sguardi

E ti vedo, lì, nascosta tra i tuoi sentimenti,
credendo d'indossare un fittizio sorriso
e di nascondere la tua vera essenza.

E li vedo, lì, nascosti da luce artificiale,
gli occhi tuoi, infinitamente spenti,
luce mancante sulla superficie dell'acqua.

E la vedo, lì, nascosta da sguardi altrui,
l'anima tua, così frangibile, sensibile,
che a sfiorarla c'ho i brividi.

E il chiarore di luna si cela,
un dolce suono, una melodia di fondo
accompagna il ritmo del tuo battito.

L'ascolto, il tuo palpito, e con le dita
mi nutro dei lineamenti del tuo viso.
E la riconosco, lì, la tua intima bellezza.

Prossimo sorriso

Che il tuo prossimo sorriso
mi sia lieve;
l'ultimo mi ha scosso
le vertebre e riposto
ogni pensiero fuori rotta.

La mia vana mente
scarna e svuotata,
messa a soqquadro
e poi alterata,
si dipinge di nuovo.

Questa sera,
il cielo mi ha donato
il suo colore
e il silenzio
il suo rumore.

È forse questo l'amore?

Rami spogli in attesa di fiori,
senza motivo sorridere,
all'unisono un battito di cuori;
donare un bacio al vento,
momenti d'incanto,
una farfalla sul manto in cemento
con le ali salde, a sostare soltanto.

Un cenno di sguardi, d'intesa,
una carezza spontanea,
il respiro dei sogni e il loro sapore.
È forse questo l'amore?

Blu come il cielo

Dicono che gli occhi
sono lo specchio dell'anima;
io, dico che sono lo specchio del mondo
e nei tuoi di occhi,
blu come il cielo,
scorgo il mio, di mondo.

Esclusa

Sola, in mezzo a una folla.
Di tanto in tanto, gli occhi di tutti
addosso e dentro,
impressi nell'anima,
invisibile;
impressi in chi, un'anima,
non ce l'ha.

Armonia lirica

Sussurrami che c'ho gli occhi tristi,
vuoti, ma ricolmi di sfumature.
Leggimi l'anima e a ogni battito di pagina,
lasciati avvolgere dal cuore tuo
e ascolta il suo palpito fondersi col mio.

Crepuscolo

Il tramonto è riapparso, come ogni sera,
puntuale e in linea con l'orizzonte
vezzeggiato da pochi istanti.
S'è ripetuto, ma non c'eravamo;
ad assistere, solo occhi assenti,
sguardi di gente sconosciuta fra loro,
volti verso il basso.
Noi, distanti,
smembrati da numerosi pensieri
infinite e dimenticate ragioni
per cui una semplice immagine
ricrei un indelebile ricordo,
inciso in un fotogramma
appartenente ad una pellicola.
Una lunga e duratura pellicola.
La vita.

Rumore

Mi calpesti il cuore
quando non mi curi dentro
e mi rivesti d’occhi superficiali.

Non t’accorgi di starmi perdendo,
arginata tra la tua insicurezza
che riconosci a stento;
lieve, il suo sapore d’amarezza;
vorticoso, qualunque rumore.

Rifugio d'amore

Non cercare un rifugio d'amore
in cui nasconderti.
Cerca uno sguardo,
un respiro, una presenza,
in modo da poter uscire allo scoperto.
Liberati dal guscio della vita.
È lì che vedrai l'amore.

A lei

Ti aspetto
come si aspetta il 25 dicembre
a tavola, circondati d'allegria.
Come le rondini attendono
lo stormo di alleati.
Come le ginestre attendono
il rintocco della primavera
e il cieco a udire i canti del cielo.
Come il suolo con la foglia
in addentrato autunno,
ti aspetto
di nascosto e
silenziosamente.

Scrivere di te

Scrivere di te
è come scovare
l'ago della vita
e cucire le nuvole
con i venti del cielo.

Lettera di elogio agli amori non corrisposti

Dove vanno a finire gli amori utopistici, non corrisposti?
Dov'è che vanno a insediarsi, per poi, silenziosamente, sparire nel limbo del dimenticatoio o nell'oblio di ricordi irreperibili.
Predispongono le basi, lasciano le proprie orme, e poi arretrano, svanendo, diventando un granello di nulla, un fiore mai sbocciato.
E allora noi andiamo avanti, ma dovremmo farli questi funerali a questi amori irrealizzabili perché, un omaggio e un lodevole elogio, è ciò che meritano. Agli amori ammazzati prima del dovuto, agli amori suicidi, agli amori morti per overdose di utopia, lasciamogli un luogo dove poterli onorare. Sia mai però, che un giorno lontano, sarà affollato il cimitero, e i funerali ci stancheranno, gli elogi svaniranno e la speranza via dietro di loro.
Sia mai.
Perché il ricordo è la sola cosa che ci resta, ciò che ci rende umani e ci ricorda del filo sottile, invisibile, che, la vita, tiene in bilico in nome dell'amore non corrisposto.

Matrimonio di sguardi

Non demordere,
un'anima come la tua
ti noterà senza guardarti.
Sentirà i tuoi passi
avvicinarsi al suo cuore
e poi sarà un matrimonio
di sguardi.

Attimi e respiri

Spogliami di questa malinconia
e facciamo l'amore di serenità,
a suon di attimi e respiri:
io sogno e tu vivi.

Pezzi di vetro

Ad una tua carezza
il mio cuore si frantuma
in mille pezzi.

La poesia della pelle

In queste sere
le mie parole
si ricordano di te.
Vivono sulla tua pelle,
si nutrono del tuo sangue
e respirano la tua essenza.
Al solo tuo sguardo,
le sillabe volteggiano,
il cupo vola via
e in te vivo solo poesia.

Noi

E dove siamo andati a finire?
Noi, come fiori di ciliegio
nei giorni incerti
di giugno.

LUDOVICO EINAUDI

Experience

Aria

Mi addosso colpe fragili,
ma infrangibili
dinanzi la forza delle mie braccia.

Reggo il peso finché posso, finché,
un istante, non muta il suo tempo
in infiniti secondi.

Mi addosso colpe inesistenti
o per lo meno fittizie, plasmate su misura
dal mio tenero desiderio.

Reggo il peso
fin quando non incontro
delle dolci e rassicuranti parole.

Mi lascio andare e quel peso,
così opprimente quanto illusorio,
diviene un minuscolo bacio al vento.

Diviene aria.

Sole parole

Per essere di buona compagnia, io
mi accollo di un peso smisurato.
Sole parole, silenzi, sguardi profondi,
è ciò che potrei dare;
piccolezze, le chiamano,
prima di afferrarle e gettarle,
fissandomi con quegli occhi languidi,
ricolmi di superficialità perenne.

Proiezione immutabile

Ed io, sprazzi di vita, me li vedo scorrere
dinanzi i miei occhi, oltre la finestra,
come un foro all'interno delle mura
di una casa mancante
inveterata nella mia mente.
Scorre e scorre, questa vita
che sembra non più appartenermi;
sento solo il suo odore in lontananza
mentre rivivo il ricordo,
un'immagine immutabile
alla vista di uno spettatore
qualunque.

L’affitto dell’oblio

Anche i soffitti piangono
e i cieli lacrimano.
Nell’aria, solo cenere.

È un essere umano quello che vedo,
quello abbandonato da sé stesso
e dalla vita.
L’accarezza solo un manto in cemento
duro come le ossa,
freddo come il vento.

E tutte le dimore, gli alberghi, i centri,
le città, il mondo,
se non possiedono un singolo letto
hanno fallito, toccando il fondo
e l’umano, senza tetto,
resterà tale:
una povera bestia in mezzo al mare.

Circolo solitario

Ho vissuto circondato da finti sorrisi,
finte parole, finto interesse;
circondato da molteplici volti,
composti da occhi senza vista.

Proferivano minuziose parole,
volte al buonismo;
ma erano parole
di cui non pesavano l'importanza.
Parole fuori vocabolario.
Parole vuote,
Insignificanti,
Inutili, figlie del menefreghismo
che ostentavano a rifiutare.

Ero solo,
abbandonato in un angolo,
tra le soffocanti mura di una casa assente.
Come un puntino nell'oblio
tra le rimbombanti risate
a sopprimermi nel buio
di speranze ormai andate.

L'ombra mia

Una crepa, che scorgo nello specchio,
fende a metà il vetro,
riflesso trasparente.

Vorrei fingermi cieco e, di fatto,
non vedo, per un attimo;
ma vedo gli occhi miei mirare di fronte,
un orribile essere: l'ombra mia.

Una sera

Una sera, sfogliai fogli di copione,
e sbirciai le parole sopra impresse.
Erano parole appartenenti al copione
della mia vita;
ma anche della mia morte,
della sofferenza,
dell'indulgenza,
della malinconia
e della felicità.
Finii per leggere
scampoli d'interi copioni
e prendendone atto,
scelsi d'improvvisare.

Intimo desiderio

Vorrei fosse mia amica, la notte.

Vorrei fosse il ponte
tra il mondo onirico e il nuovo risveglio,
generatrice di libertà e freschezza.

Vorrei fosse una lieve carezza,
il soffio di vento all'uscio della porta
e il profumo dell'aria di luna.

Vorrei fosse una benevola madre,
accompagnatrice del mio animo
e orecchie per le mie amare paure.

Vorrei e lo desidererei intensamente,
ma è un'ombra oscura, che mente;
abbandona il mio animo, mettendomi a nudo,
spalancando la finestra del mondo,
mostrandomi, ad esso, per quello che sono:
solo, fragile e rivestito di paure.

Malinconia cara

Oh, cara malinconia!
Tu, che spegni gli occhi miei
e alla vista di occhi d'altri
appaio affievolito, sfibrato.

Ma non lo sono,
perché
io sono.

Sono l'io,
e questa mia cara malinconia
mi veste, ma non mi appartiene.
Mi accompagna nel mio tragitto di vita.
Ma qual è questo tragitto?
Qual è questa malinconia?
Sarà, forse, l'ombra mia!

Desiderio ineluttabile

Ciò che è certo, al mio essere,
è il futuro incerto della cenere
deteriorata, divenuta tale
da una fiamma astrale.
Un desiderio ineluttabile,
alle prese con la vana scarsità
data dalle mie misere forze.

Maledetta compagna

Maledetta insicurezza,
madre dell'imperfezione.
E maledetta la luce, generatrice,
mostratrice dell'imperfetto corpo mio.
Imperfetto il sorriso, il mio viso,
le rughe e le righe del mio cuore.
Imperfetti i miei nei,
come macchie indelebili.
Imperfetto il mio sguardo,
impalato a fissare il nulla.
E che davanti lo specchio,
mi si sporca l'anima
nel vedere gli innumerevoli difetti miei.

Gabbia dell'ego

Inesorabile
Invisibile
Inutile.
Così è la rabbia.

Gli occhi distrutti,
l'animo in lotta con tutti.
Il cuore tormentato,
caduto in mille pezzi, frustato.

Noiosa irremovibilità

Non c'ho più voglia
di respirare fiato, dismesso
sospeso, ingente, oppresso.
Di gettarmi a capofitto,
in cerca di contentezze,
ritagli di vita,
ricevendo solo una consolazione inaridita
predisposta a frivolezze.
Non c'ho proprio voglia,
neanche a stare fermo,
avvolto dalla mia noiosa irremovibilità;
ma a cominciare a vivere,
non voglio saperne.
Così, la soluzione è abbandonarmi
a me stesso,
perseguitato da uno sguardo perso,
volto al nulla voluto.
Ma, io, non c'ho proprio voglia.

Mente

Dannata in eterno,
mente subdola e ingannevole
schiava dell'indecisione,
smarrita nella sua stessa abnegazione.

Creatrice di ipocrite soluzioni
volte a ingarbugliare l'equilibrio,
generatosi da un pensiero felice
ma illusorio,
che in realtà sa di fumo,
profumo aleatorio
consolidato alla radice.

Fatalità errata

Credevo nel fato
in un’assurda benedizione,
per ogni volta che mi sentivo sbagliato
in un’estenuante carcerazione,
avvolta da vuoti pensieri,
incertezze murarie di ieri.

Miscuglio utopistico

Pianifico idee, articolo strategie,
per mescolare serenità e inquietudine,
al fine di sopravvivere.
Dentro me e dentro gli altri.

La notte

Nelle notti insonni, fisso il nulla con gli occhi
e mi domando il Significato Esistenziale,
il perché del mio respiro lento
perso e inerme dinanzi al silenzio.

Non ricevo alcuna risposta,
solo un mutismo angosciante
alla ricerca di una ragione felice
in una malinconia costante.

Albergatore d'istanti

Per quanto desideri immensamente
fuggire altrove,
nessun luogo, paese, sentimento,
potrà mai essere altrove
se il mio oggetto di fuga,
sono e sarò sempre io.
Io, turista d'una vita
e albergatore d'istanti.

Oggi come sempre

Un'aridità interiore, oggi
come ogni giorno, m'avvolge;
uno spettacolo quieto, silenzioso,
svuotato dai soliti spettatori della vita.
Quest'oggi, come in ogni istante,
nulla m'appassiona
e va bene così.

Settembre

Sai, traspare un vuoto
denso, straripante di mancanze,
in progressiva crescita.
Mi divora all'interno.
Mi uccide la respirazione.
Inarco le labbra sì,
ma non vivo.

Sindrome della vivibilità

Sono risultato positivo
alla sindrome che ti revoca
la libertà di vivere.
Il medico mi ha prescritto
la quarantena, ma lui non sa
che la sto affrontando da settimane,
siamo io e il mio vuoto immane.

Alla nostalgia

Non conosco la radice della nostalgia,
ma in ogni istante e in ogni luogo
mi accompagna delicatamente.
In principio, la vidi come una persecuzione.
Ora, invece, come cornice di ogni viaggio.

Il tempo di un ricordo

Con te,
vivrei il male di vivere di Montale
e passeggerei dinanzi la riva
della sua Liguria inaridita.
Perderei le occasioni
che potrebbero cambiarmi la vita,
ma ti raccoglierei gli ossi di seppia
che il mio cuore rilascerebbe
dopo un pianto.
Come Vitangelo,
mi distaccherei dalla società,
mi riappagherei con la natura,
ma capirei che solo con te
potrei sentirmi un tutt'uno.

Con te,
vivrei un tramonto in riva al mare,
dormirei avvolto da un cielo stellato,
per poi svegliarmi all'alba,
trafitto da un bacio rubato.
Passerei tutta la vita insieme,
senza voler cambiare nulla,

senza sentirmi Mattia Pascal.
Camminerei ad occhi chiusi
varcando l'oblio di giorni confusi.
L'attraversei tenendo con me
l'immagine della tua anima,
così offuscata, un pensiero reso vano,
reso simile a un ricordo ormai lontano.

Perché, di te, non mi resta altro che un ricordo
così incantevole quanto struggente,
come la Sicilia per Quasimodo,
come la vita per Adriano Meis,
come un padre per Zeno,
come il nostro tempo
per noi.

Sintesi naturale

Dentro me
m’hai deluso fermamente.

Il germoglio avvilito,
un fiore decaduto,
quel garofano affievolito.

Su di me
scivola una pioggia rovente.

Inettitudine esistenziale

E temi la luce, l'esterno,
frughi tra gli angoli nascosti
della casa
sviando la vista
che si cela oltre quella serranda.
Origli l'amore di due amanti,
il bagliore dei lampioni
accendersi e spegnersi
dinanzi a un uomo deluso.
Delinei e immagini un luogo
stando solamente davanti a un muro.
Temi di compiere quel passo
oltre la soglia,
ma è solo il principio, dell'esistenza.

Solitudine

Non dare confidenza alla solitudine,
non le porgere la mano,
non le concedere molteplici sguardi,
molteplici respiri e approvazioni.
Non fissarla a lungo negli occhi,
poiché ti ammalia
con la sua notevole bellezza,
ti porta con sé
in un'estasi vorticosa
da cui è difficile poi fuggire.
T'ingloba e ti trattiene stretta a sé,
e con il suo abbraccio ammaliante
ti fa dimenticare una condizione:
l'abbraccio tra le persone.

Lettera al mondo

Solitamente, per non dire frequentemente, penso al mondo, e mi convinco del fatto che anche oggi si sia dimenticato di me. Lui non mi vede ed io non lo vedo.
Da una settimana a questa parte, ciò che vedo, è il conglomerato dei miei pensieri. Solo pensieri, pensieri e pensieri. La mia mente si spegne per pochi attimi e poi ricominciano altri pensieri, pensieri e pensieri.
Delle volte si avviano in un processo continuo e ininterrotto, e io li ascolto, li vedo, prendono il controllo, prima della mia mente, poi di tutto il corpo.
E sempre da una settimana a questa parte, ho rimosso tutti gli specchi della casa, per non vedermi, per non vedere uno sconosciuto vedere una scia ineluttabile e indefinita di pensieri.
Il sole, la luce, sono ormai un ricordo lontano. Per non parlare della pioggia, delle nuvole viaggiatrici, del suono della musica e delle risate, della voce di una persona cara, di un suo saluto, di un gesto, di un

sorriso, di un abbraccio, di una carezza, di un bacio, di un respiro condiviso e dei lineamenti del suo viso.
Vivo a cinquanta metri dal Colosseo, ne ho sbirciato la forma una volta e già, alla seconda vista, non mi fa più effetto.
Il telefono non squilla da centosessantotto ore, nessuno che cerca, domanda, origlia, sussulta, vede.
Gli unici a squillare sono sempre e costantemente i pensieri. Bussano alla porta, si accompagnano agli spifferi, irrompono dalla finestra, si calano dal camino, si camuffano nel cielo, nel muro della parete, nel lavandino, nella doccia, nei vetri, negli infissi, nei vestiti, mi occultano la vista e mi riempiono gli occhi di fervore.
Penso che il mondo si sia dimenticato di me, ma io non di lui.

Lettera d’istanza

Se solo potessi scegliere
d’essere turista
e non abitante della vita.
Poter ammirare un quadro
naturale
per la prima volta.
Oltrepassare
un vicolo
e non riconoscerlo.
Se solo potessi,
sceglierei un respiro a un affanno
quando la notte mi ferisce
e l’ansia infligge il danno.
Se solo potessi scegliere
un tetto a una dimora,
un solo istante a ogni ora,
un fugace sogno a una sventura,
l’insediamento a una fuga.

Antipasto

Oggi mi nutro di parole
l’indomani di silenzi.
Preparo l’antipasto dell’inquietudine.

Oscillo sul culmine
del valore umano,
faccio l'amore con
le delicatezze altrui,
con i respiri, gesti,
parole, difetti
e ammortizzo
con i pregi.
Tocco con un dito
la bellezza umana,
ma d'improvviso
perdo la fiducia
e tutto frana.

La mia inadeguatezza

La mia inadeguatezza
mista a inquietudine,
a insoddisfazione,
a malinconia,
a intolleranza,
mi è utile al solo scopo
di generare parole
miste a emozione,
a sentimento,
a fantasia,
a poesia.

CLAUDE DEBUSSY
Clair de lune

Uomo d'oggi

O caro uomo, sei così piccolo
in questo mondo.
Tu e la tua ossessione per il progresso
fine a sé stesso. Tu, inventore d'aerei,
d'armi, di macchine e di misere tecnologie.
Inventore di tutto e di
niente.
Tu, creatore della tua scienza esatta
rivolta al futuro che tu stesso sopprimi.
Poiché, sempre tu, dichiari di farlo
in nome del futuro,
in onore del prossimo,
lo stesso che tu sopprimi.
Ritorneremo come all'origine,
particelle d'atomi in un immenso universo.
E chissà, se sarà lo stesso universo.
Torneremo come all'origine,
come l'uomo nudo e scarno
in una caverna inabitabile.
Torneremo ad essere tutto e
niente.

La prigione del sentimento

Fra l’uscio e il muro
un’anima incombe su sé stessa:
ha le parvenze d’un animale
indifeso,
d’un uomo in gabbia,
d’un essere,
che ha le mani macchiate di fango
e il cuore lindo, dal pianto.

Cuore morente

Lieve è il respiro della rondine
posata sul mio petto.
Uno stormo velato
mi scalda,
il cielo veglia su di me,
mentre uno sconosciuto
sembra fissarmi distrattamente.
Ascolto la polvere delle strade,
il palpito della terra che mi regge,
la struggente delusione
ormai sradicata via.
Scorgo il vento degli amanti,
eppure tutto ciò mi appare un sogno:
io, cuore morente
con il silenzio attorno.

Indole esistenziale

Definiscimi, illustrami, motivami,
quella realtà esistenziale che, d'un tratto,
t'investe il corpo
e ti ritrovi inerte, in atroce silenzio,
in lotta con un io inavvertibile,
senza sogni o dosi di fiducia,
senza voglia di allietarsi,
sorridere e perdersi in vivacità.
Senza voler fare nulla, semplicemente.

Poi, cala la sera e ci rinuncia.
Abbandona tutto ciò che si trova sotto tiro,
stringe i denti, si accontenta,
nell'esalare l'ultimo respiro.
Non desidera più
sogni, orgoglio, motivazione;
ma solo perdersi per strada,
in preda all'insoddisfazione.

Volontà

Questa volontà di apparire giovani
tenere in pugno la Vita
esibire la felicità
in punta di dita;
voler riempire le giornate
di impegni futili e
medaglie sprecate.
Questa crudele volontà
di concludere la serata
con un messaggio
che scaldi l'anima.
Non vedete che siete soli
in preda a un sonno di allori,
e alla vita non importa,
e la morte non si volta.

Vetrina dell'artificio

Insegnatemi la felicità
passata,
quella dal sapore fittizio, scarno.
La stessa che ostentate di possedere,
messa in mostra nella vetrina
dei giorni nostri: instagram.

Lettera di un ragazzo alla vita

Oh, vita, cara mia vita!
Non ti conosco,
eppure sembri a me familiare.
In sere come queste, mi fai paura.
Do per scontato ogni respiro,
ogni palpito del mio cuore,
ogni minuto, ogni ora, ogni giorno.
Do per scontato queste
e tantissime altre tue sottigliezze;
ma tu non sei scontata.
Non sei scontata oggi e mai lo sarai.

Sei rara in tutta la tua perfezione.
Come il germoglio della mora,
il volo volubile della rondine,
la pioggia sull'asfalto,
il tramonto di primavera,
il profumo di libertà la sera.

Mancanza

La tua foto incorniciata
appesa al muro dei ricordi.
Momenti imprigionati
in fotografie, pezzi di carta,
intimi momenti
impressi prima di tutto
nella mente e nel cuore
dove non c'è posto per un lutto
ma solo per l'amore.

E poi la tua stanza è rimasta
come all'origine:
i tuoi vestiti, il tuo libro preferito,
i silenzi, le parole, gli sguardi
e le carezze, sono tutte al proprio posto.
Da anni nulla si smuove,
come in principio, tale e quale,
delle volte mormora qualcosa:
solo un vuoto abissale.

Questa sera la luna
è un po' più grande,
ho lasciato il tuo ricordo
nelle braccia delle stelle,
perché mi manca la tua presenza
dura da colmare
impossibile da dimenticare.

Terra mia!

Terra mia, non cangi mai!
Tutte le anime inquiete
non sfruttano la bellezza che hai.

E questo, è un male o un bene?
È darti meno importanza, meno vanto
o dimostrare che ci tiene?

Terra mia, ti dassaru sula!
Natura, vento, mare e sole,
fannu sulu paura.
Perché, tutto questo, a noi lo regali
ma la gente l'ammira di striscio, in lontananza
vagamente, di stucco, s'incanta;
e così restan lì,
tutte le tue bellizze,
tutto il cuore della gente
resta schiavo della malavita e
nessuno
mai più
lo sente.

Calabrò

T'ho visto al culmine della tua prosperità,
custodire in eterno i tuoi figli
e regalare loro una gradevole dimora.

T'ho visto appiattire le ali,
trascurare le tue sfumature
e sparire in un feroce silenzio.

M'hai visto nascere,
compiere il primo passo
e ammirarti inconsapevolmente.

M'hai visto crescere,
correre tra le tenere vie
fino all'abisso del tuo cardine.

E poi, purtroppo, m'hai visto allontanarmi,
andare altrove, abbandonarti e stancarmi,
e poi alla fine capire quanto mi manchi.

È un legame inestricabile quello fra te
e i tuoi figli,
un filo sottile e invisibile, resistente al tempo,
e nonostante i numerosi e futuri grovigli
un tuo ritorno, accompagna l'inverno.

Lettera al paese

La città mi sotterra,
il paese mi abbraccia.
Due milioni di abitanti
e mi sento tremendamente isolato.

Mi chiedo se qualcuno
udirà le mie urla silenziose,
i miei pianti miseri,
le voragini scosse
del mio cuore
e delle mie vertebre.

Mi chiedo solo se il paese
si ricorderà di me;
ma io in fondo so che
i suoi figli
li rievoca uno ad uno,
e quando arriverà il giorno
li stringerà al petto del perdono.

Arriverà quel momento,
ma non è oggi.
Oggi, mi limiterò a cercarti
tra gli alberi, tra i vicoli delle strade,
dietro gli angoli e le superfici
dei cartelli stradali.

E saprò già di non trovarti,
e la ricerca non sarà stata vana
solo nel momento in cui,
il tuo pensiero,
mi avrà fatto dimenticare
la mia tremenda
condizione.

La benedizione dei paesi

Che Dio benedica i paesi,
il silenzio che li avvolge,
il solito gatto amico,
la vespa che ronza al tuo benvenuto,
il cane che abbaia salutandoti,
il traffico di formiche
e lo smog di rondini
sopra il caro cielo.
La vicina al davanzale
stende i panni
e tu ascolti il loro profumo
mischiarsi con la brace poco distante;
non la vedi, ma sai che a pochi metri
un vasto verde è pronto ad accoglierti
e a braccia aperte, un saggio contadino
t'insegna la bellezza.
Nei suoi occhi lucenti vedi Dio,
e sei prossimo alla benedizione
dei paesi.

LUDOVICO EINAUDI
Una mattina

Inno di speranza

Quando la solitudine non ti lascia
e il vuoto dentro al petto ti riempie l'animo;
quando scomparire,
non avere sguardi addosso,
non esistere, per non sentirsi inadeguati,
ti appare come l'unica risposta,
chiudi gli occhi e immagina un tramonto
sposarsi col mare e aggrapparsi alle stelle.

Frammenti

Ogni pezzo di sogno frammentato,
mi riporta alla realtà;
ma per i miei occhi
nessun'altra realtà esiste,
se non un'unica grande illusione.

L’ambizione: una fregatura

Conservo un’amara ossessione
verso un singolo sogno: il mio.
M'investii l’animo da ragazzo,
fino a radicarsi all’interno.
Era pura ambizione, voglia di strafare,
bisogno di volare.
Sentirmi qualcuno
e dimostrare a presunti altri
di riuscire nell’impresa.
Una sana e ostentata rivincita, insomma,
fino a questo momento.
Perché, solamente ora,
m’accorgo di quanto tutto ciò,
si sia mutato
in una condanna subdola e scadente:
ti consente di realizzare i tuoi sogni,
ma non ti fa godere di niente.
Concludi la gara, una guerra con te stesso
e poi ti ritrovi stremato a terra
con un eterno vuoto dentro.

Alla fiducia

Mi sono rimaste misere gocce di speranza
e sono lì, impresse nel selciato
sotto ai miei piedi.
Una lacrima d'illusoria fiducia
mi riga il viso
e cade di fianco ad esse.
Di fronte a quello spettacolo,
mi sento improvvisamente impoverito.
Qualcosa o qualcuno mi ha sradicato di forza
la speranza, la fiducia, il vano desiderio
e l' illusorio miraggio di un futuro
prossimo, garantito e ben definito.
Immobilizzo il mio corpo
e mi fermo a pensare,
intorno a me solo profondo mare.

Aeroplani di seta

All'alba, sulla sommità della casa,
osservo gli aeroplani volare
e così, chiudo gli occhi e
comincio a sognare.
Ritorno bambino, tra l'alto blu e
il cuore leggero,
a sentirmi di carta e libero
come un aereo.

Lettera di un ragazzo ai sogni

Caro sogno,
mi accompagni e mi prosciughi l'anima dal preciso momento in cui mi sfiorasti dentro e, per qualche ragione singolare, ti aggrappasti a me senza sforzi. E ci somigliavamo, avevamo parvenze comuni, come se fossimo destinati a compiere ogni passo insieme.
Ho sborsato, per te, ogni istante, ogni attimo dissipato, ogni sacrificio compiuto, in cambio d'avanzi di vita.
Ho barattato qualsiasi cosa potessi barattare, ho venduto ogni parola, speranza e argomenti di circostanza alle dicerie altrui. E sai, questo solo per un semplice motivo: difenderti. Difendere te dagli attacchi altrui, perché questi conoscevano la soluzione prima di me.
Per tutti loro, io e te, saremmo stati un lieto fine scontato. E tu, mio caro sogno, sei diventato scontato. Stai imboccando quel finale risaputo e affranto: tu in una fossa, io con un rimpianto.
E non voglio accontentarmi, vederti morire e poi allontanarmi, finendo a calpestare cemento

frammentato, in una strada in discesa, affollata di gente oramai persa e avvolta da solitudine.
Non voglio ciò.
Desidero altro, socchiudere gli occhi e respirare vento armonioso, osservando quella strada dall'alto e da lontano, senza poterti sfiorare con una mano.

Nascita di un'alba

Con un piede nel notturno
avvolto da luci artificiali
d’una città del tempo
e un respiro al chiarore d’alba,
mi perdo nel melodico suono
di onde veritiere,
pronte a riempire il giorno.

Apnea

Affoghiamo in un mare angoscioso,
colmo di paure e tristezze,
con la speranza di galleggiare
per una boccata d’aria
fuggevole, ma felice.

Futuro incerto

Nulla, è il mio valere e
schivo, è il mio volere
in questo mondo distante,
fatto di vetro lancinante.
Non vedo oltre, l'orizzonte,
ma scorgo i fasci di luce
che a loro volta, vedono me
e mi tagliano dentro
fino a lacerarmi.

Ascesa

Cade il buio,
la notte si sgretola.
Io l'accolgo a palmo aperto.

Fragili

L’incertezza
negli occhi
di chi mi guarda
mi ricorda che,
la fragilità donata,
è il mulino per gli esclusi,
quando il vento della vita
naviga fra il sangue e i nervi
d’una pelle indefinita.

Giovedì

Fuori è un giorno incantevole
ma io non posso vederlo.

Ripenso al mio vicino cieco
il sabato sera;
danza a perdifiato
con la musica del mondo
e un davanzale scuro
a sbarrare i suoi occhi.

Dentro è un giorno incantevole
e lo porterò fuori per un giro.

Distanziamento

Esco la domenica pomeriggio
e mi si passa davanti la vita
di sconosciuti dagli occhi nudi.
Io mi faccio un puntino
rivestito di ferite e di tagli.
E li vedo loro, così riparati
a danzare sul tettuccio dell'esistenza.
Mi basta poi rifugiarmi in casa
e pensare a ognuno di essi,
ogni ferita velata
da mascherine chirurgiche.

Scelte di vita

Tutti noi, dovremmo avere il diritto
di scegliere come, per chi
e per cosa vivere.
Scegliere d'essere
oggi girasole,
domani vento,
l'indomani candore,
per il resto della vita
sentimento.

Mare aperto

E quanto può valere
essere d'animo sbagliato
in una barca senza vele
se il vento è già andato?

Veleno per la cura

Frugo nelle viscere,
nei meandri della mente,
fino all'abisso del mio petto,
in cerca di esigue parole,
nocive per il corpo
ma curative per l’anima.

Ma io cosa me ne faccio della riservatezza, se ho bisogno di esprimermi ad ogni respiro. Cosa me ne faccio della compagnia, se ad ogni sguardo mi sento sotto tiro.
Ogni giorno passato è un'occasione sprecata, e non un'esperienza guadagnata.
Ad ogni sbaglio, mi riprometto di rimediare, ricucire e vivere, ma il futuro è solo l'inganno di una mente insulsa, la mia.
Al confessionale con me stesso, la domenica, canto le mie disgrazie, che poi allevio con i miei talenti.
Ma quali sono, questi talenti? Io le scrivo le mie paure, ma non le ho mai sconfitte. Scrivo della malinconia, della nostalgia, della disillusione e dell'illusoria speranza. Scrivo di tutto e di niente.
La verità è che scrivere non basta, non oggi. Oggi ho solo bisogno di cantare, poi di urlare, anche se la vita non risponde, anche se il dolore mi confonde.
Né oggi, né mai, imparerò a compiere i passi della vita.

Questa domenica potrei aprire gli occhi e vedere solo il buio, mentre la prossima potrebbe essere la stessa luce a sfiorarmi dentro.
Tra qualche giorno potrei respirare e non rendermene conto, mentre tra qualche anno potrei non riuscirci, implorando l'abbandono dal fondo. È proprio un'incognita l'esistenza, quel filo di voce la mattina con cui non riuscirei a stare senza. Una goccia d'acqua nella conchiglia e un padre che accarezza sua figlia.
L'odio, l'orgoglio, il suo suono, e il senzatetto nel cuore del perdono.
Lo sparo nel petto sembra non faccia più male e, solo scavando nella ferita, vi si trova il testamento finale.
Il mio e il vostro.

Printed in Great Britain
by Amazon

72455177R00066